图书在版编目（CIP）数据

全科知识点大爆炸. 经济学知识点大爆炸 / 李骁主编；聪聪老师著；任梦绘. -- 北京：电子工业出版社，2021.8

ISBN 978-7-121-41142-7

Ⅰ. ①全… Ⅱ. ①李… ②聪… ③任… Ⅲ. ①科学知识 – 少儿读物②经济学 – 少儿读物 Ⅳ. ①Z228.1②F0-49

中国版本图书馆CIP数据核字(2021)第087280号

责任编辑： 季　萌

印　　刷： 中煤（北京）印务有限公司

装　　订： 中煤（北京）印务有限公司

出版发行： 电子工业出版社

　　　　　北京市海淀区万寿路173信箱　邮编：100036

开　　本： 889×1194　1/20　印张：20　字数：384千字

版　　次： 2021年8月第1版

印　　次： 2024年5月第3次印刷

定　　价： 188.00元（全8册）

　　凡所购买电子工业出版社图书有缺损问题，请向购买书店调换。若书店售缺，请与本社发行部联系，联系及邮购电话：（010）88254888，88258888。

　　质量投诉请发邮件至zlts@phei.com.cn，盗版侵权举报请发邮件至dbqq@phei.com.cn。

　　本书咨询联系方式：（010）88254161转1860，jimeng@phei.com.cn。

小猛犸童书

经济学 知识点大爆炸

全科
知识点
大爆炸
·经济·

李骁 / 主编
聪聪老师 / 著
任梦 / 绘

电子工业出版社·
Publishing House of Electronics Industry
北京·BEIJING

目录

多变的价格

26

企业与劳动者

32

投资与理财

38

妙趣横生的经济学现象

40

中国教育现状目前遇到的一大问题就是内卷——孩子们通过上补习班，提前学习高年级的知识，从而成为别人口中的学霸。这种情况早已不是秘密。如果你不提前起跑，很有可能在后面就会被落下。而另一个现状就是，大家都去补习了，可上大学的名额并没有变，大家的起跑线是一样的，却也因此都失去了宝贵的童年。

从儿童大脑发育的角度来讲，6~12岁的孩子处在一个认识世界，形成兴趣，放飞思想的阶段，而过量的补习班却在禁锢住孩子们的想象，这种"揠苗助长"的行为，换来的优秀的成绩却是靠拉低孩子们对世界和未来的创造力而换来的。

创造力和成绩的矛盾看似不可调和，实际上有两全其美的解决方，那就是兴趣至上。如果能够提前引导孩子们喜欢上学习知识，顺其自然地培养出孩子热爱学习的习惯，这样既不会禁锢住他们未来飞翔的高度，也能让孩子获取优秀的成绩，两全其美。

为此，我们请到了各科资深老师、专家、儿童心理发展教育专家和经验丰富的童书编辑，针对6~12岁孩子倾力合著了这套《全科知识点大爆炸》。我们发掘出数学、物理、化学、生物、地理、历史科目中最重要、最具代表性的知识点，力求做到生动有趣，让孩子们提前接触并认识到各科的美妙之处，在他们心里埋下兴趣的种子，等待日后发芽，茁壮成长。后来我们又加入了经济和宇宙的主题，使孩子们平衡发展，在学习客观知识的同时也增加对人类社会性的理解，并且帮助孩子开阔眼界，让他们的思维可以无限延伸。希望在这套书的帮助下，每个孩子都能培养学习兴趣，做掌握全科知识的小达人。

李骁

香港城市大学研究员
中国科学院神经生物学博士

神奇的货币

我们的日常生活，离不开货币。吃、穿、用所需的物品，大多需要货币去购买，享受市场服务（比如理发、去KTV唱歌）也要支付货币。那么，货币到底是什么呢？货币为什么有如此神奇的力量呢？

货币的本质

我们从市场上购买的物品，是人们通过一定的劳动生产出来的。人们生产这些物品并不是单纯为了自己享用，有时也会拿到市场上去交换自己需要的物品，这些用于交换的劳动产品，就是商品。

购买商品需要货币，商品和货币似乎是一对孪生兄弟，实际上，货币出现的时间要比商品晚得多。货币既不是神创造的，也不是圣贤发明的，它的前身就是普普通通的商品。当商品交换发展到一定阶段后，货币就出现了，然后整个商品世界分裂成两极，一极是特殊商品——货币，另一极是各式各样的普通商品。

Tips：奇怪的货币

在太平洋某些岛屿和若干非洲部落中，人们以一种贝壳——"加马里"货币来交税。

美拉尼西亚群岛的居民普遍养狗，所以他们以狗牙作为货币。一颗狗牙大概可以买到100个椰子。要想娶一个新娘，必须给她几百颗狗牙作为礼金。

货币的演变史

1. 物物交换的时代

    在原始社会时期，人们首先进行了简单的分工。某个原始人发现自己善于制造石器，便会把自己制造的石器与需要石器的猎人进行交换，从而获得兽肉。

    随着生产力和社会分工的发展，商品交换越来越频繁，交换范围越来越广，交换的商品种类越来越多，则交换的难度也越来越大。因为物物交换成功的前提是交换双方恰好需要对方的商品，这就需要花费很多时间去寻找，或者经过一系列复杂的交换才能实现。

2. 出现一般等价物

在长期交换过程中，人们找到了克服商品与商品之间交换困难的办法，那就是先把自己的东西换成市场上大家都乐意接受的商品，然后再用这种商品换回自己所需要的东西。

比如先用一只羊换一把石斧，再用这把石斧换一堆盐。这里的石斧就具备了货币的功能。

这种大家都普遍接受的商品便成了一般等价物，它表现其他一切商品的价值，充当商品交换的媒介。

在中国历史上，充当过一般等价物的商品有很多，早期有牲畜、布帛、贝壳等。其中，贝壳获取难度较大，物以稀为贵，贝壳就承担了一般等价物的的作用。现代汉字中，"赚""赔""财"等字都有"贝字旁"，这就是当初贝壳作为货币流通的痕迹。

甲骨文中的"买"字，看上去就像用渔网捕捞贝壳的样子。贝壳可以购买需要的物品，所以表示买的意义。

"得"就像手中持有贝壳的样子，在演变过程中还加上了道路的符号，表示在众人行走的道路上拾到了他人遗失的贝壳，大有所得的意思。

"宝"就像房屋中贮藏着贝壳及宝玉的样子。两者都表示很贵重的东西，所以用来表示宝贵的意义。

3. 金属货币

经过漫长的自然淘汰，在绝大多数社会里，作为货币使用的物品逐渐被金属取代。金属无法从自然界大量获得，开采制作需要大量人力。因为体积小、价值大、易于分割、不易磨损，便于保存和携带等特点，数量稀少的金、银逐渐从商品中分离出来，固定地充当了一般等价物。

从商品中分离出来，充当一般等价物的商品，就是货币。货币的本质就是一般等价物。

在古代希腊、罗马和波斯等国，人们把金、银切割成不同的薄片，在上面刻制印标，并准确标出每一片金属的重量。在交易中，人们只要看一下这片贵重金属上面的标志，就可以知道它的价值。

4. 纸币

　　随着经济的进一步发展，金属货币的重量和体积都让人感到烦恼。它不易携带，而且在使用过程中容易磨损，造成损耗。于是，作为金属货币的替代物——纸币出现了。纸币是由国家或某些地区发行的，强制使用的价值符号。国家有权发行纸币，但是不可以任意发行纸币。世界上最早出现的纸币，是中国北宋时期的"交子"。目前，世界上共有200多种纸币，流通于193个独立的国家和地区中。

TIPS: 货币本身有价值吗？

　　如果你乘坐的飞机失事，只有你幸存，漂流到一个荒无人烟的小岛上。这时候海上漂来了一些物品：一个塞满钞票的箱子，一个装满食物和水的箱子，还有一个装满金银财宝的箱子。如果是你，你会选择哪一个？你认为哪个箱子中的东西最重要？在荒无人烟的小岛上，钞票与金银财宝，它们本身还有价值吗？

通货膨胀

如果纸币发行量超过流通中所需要的货币量的限度，就会引起物价上涨，影响生活和经济秩序；如果纸币发行量小于这个限度，就会造成商品销售发生困难，直接阻碍商品流通。通货膨胀就是指全面的物价持续上升的现象。纸币发行量超过流通中实际所需的货币量，是造成通货膨胀的主要原因之一。

货币的职能

货币的职能就是指货币在经济生活中所起的作用，它是货币本质的体现。货币从产生的一刻起，就有价值尺度和流通手段这两种基本职能。

货币具有表现和衡量其他一切商品价值大小的职能，这便是货币的价值尺度。商品价值的大小表现为货币的多少。为了用货币衡量商品价值的大小，必须给货币本身确定一种计量单位，如人民币的"元"、欧元的"欧"、英镑的"镑"等。通过一定数量的货币表现出来的商品价值，叫作价格。

货币出现以后，商品交换包括卖和买两个先后衔接的阶段。商品所有者先将商品卖出去，取得一定数量的货币，再用货币买回自己需要的其他商品。货币充当商品交换媒介的职能，叫作流通手段。

除此之外，在发达的商品经济条件下，货币还具有贮藏手段、支付手段和世界货币的职能。

第二次世界大战后，很多欧洲国家开始联合起来，以达到促进和平、增强贸易关系的目的。统一货币的构想得到了欧盟成员国的认可。1999 年，欧元正式诞生。2012 年，欧元纸币和硬币在欧元区发行。

货币的兑换

当你要在另一个国家或地区购买物品时，必须拥有这个国家或地区的货币，这就意味着你需要将自己在国内使用的常用货币兑换为其他货币。货币兑换就是购买货币的过程。当货币作为社会财富代表在国与国之间转移时，它就具有了世界货币的职能。

14

汇率与进出口

一件价值 100 元人民币的商品，比如说一双羊毛手套，当美元对人民币的汇率是 8.25 时，那么这件商品在国际上的价格就是 12.12 美元。如果美元兑换人民币的汇率涨到了 8.5，也就是说美元升值，人民币贬值，那这件商品在国际市场上的价格变低。商品价格降低，竞争力变强，更易售卖，所以促进了该商品的出口；反之，如果美元对人民币的汇率跌到 8.0，也就是美元贬值，人民币升值，必将大大刺激美国对中国的贸易出口。

汇率：两国货币兑换的比率

有一天，一个外星人到地球上来参观，看到地球上有两棵结满神奇果的果树，一棵在中国，一棵在欧洲。外星人问了问果子的价格，在欧洲，1 欧元可以换 1 个果子，在中国，1 元人民币可以换 1 个果子。外星人打算去欧洲，用 1 欧元买 1 个果子，这时，他遇到一个聪明的地球人，他说："你可以先从中国借 1 个果子，然后去欧洲换 1 欧元。拿着 1 欧元去中国，你能换 10 个果子。你拿 1 个果子还给中国人，自己还剩下 9 个果子。接着，你再拿 9 个果子去欧洲换 9 欧元，以此类推，你可以得到更多的果子……"

"还有这样的好事？为什么 1 欧元能在中国换 10 个果子？"

"这是因为两国货币间存在着汇率，10 元人民币约等于 1 欧元。"

汇率就是外汇行市或者汇价，即一国货币兑换另一国货币的比率，是以一种货币表示另一种货币的价格。由于世界各国货币名称不同，币值不一，所以一国货币对其他国家货币要规定一个兑换率，这就叫汇率。

货币流通的中转

假如银行有 1000 万元存款，银行借给别人，产生利息，通过利息差来赚钱。银行不能把所有的存款都借出去，这样一旦有人来取钱，银行便没有钱给取款人，就会造成金融危机。因此，中央银行要求每一家银行必须保存一定份额的存款准备金，这样才能防止出现储户来取钱而没有钱的状况。银行就是通过这样不停吸纳存款，不停发放贷款，来完成货币的流通，并在货币流通中赚取利润的。

在中国，明朝中期就出现了具有银行性质的钱庄，到了清朝又出现了票号。成立于1897年的"中国通商银行"是第一家使用银行名称的银行。最早由官方开办的国家银行是1905年在北京设立的"户部银行"，后改称"大清银行"，也就是"中国银行"的前身。

银行的出现

最早的银行业起源于西欧古代社会的货币兑换业。一开始，货币兑换业的工作只是为商人兑换货币，后来发展到为商人保管货币、收付现金、办理结算和汇款等多项任务。随着工商业的发展，货币兑换商的业务进一步发展，他们手中聚集了大量资金。当货币兑换商为了谋取更多的利润，利用手中聚集的货币发放贷款以获得利息时，货币兑换业就发展成了银行。

公元前2000年的巴比伦寺庙和公元前500年的希腊寺庙，都已经有了经营保管金银、收付利息、发放贷款的机构。而近代银行产生于中世纪的意大利，由于威尼斯的特殊地理位置，使它成为当时的贸易中心。1171年，世界上最早的银行——威尼斯银行成立。

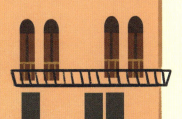

商品和服务

商品的定义

　　商品，首先应是劳动产品。自然界中存在的空气、阳光，虽然是人类必需的物质，但它们不是通过劳动获得的，所以不属于商品。

　　其次，作为商品，必须用于交换。商品与交换是分不开的，也就是说即便是劳动产品，不用于交换的，也不能叫作商品。例如，在中国古代，传统的男耕女织的家庭生产中种出来的粮食和织出来的布，尽管也是劳动产品，但仅供家庭成员自己使用，并没有用来和他人进行交换，因此不是商品。

商品出现的条件

我们每天的吃、喝、穿、住、用、行，样样离不开商品。只要有钱，我们随时能买到想要的商品。那究竟什么才是商品呢？

商品并不是人类出现的时候就有的，而是人类发展到一定历史阶段的产物。它的产生，必须具备以下两个条件：

·**社会分工是商品产生的基础。**只有出现社会分工，才会提出交换的要求，也就有了交换的可能。社会分工的特征表现为每一个劳动者只能从事某些局部的、单方面的劳动，只生产某些单一的产品；而人们的需求是多方面的，为了满足多方面的需求，生产者要用自己生产的产品去交换自己不生产而又需要的产品。

·**所有权不同是商品得以生产的前提。**因为生产资料和劳动产品属于不同的所有者，所以才会发生交换的行为。

企业提供商品

商品是人们想要或者需要的物品，它们或者有用，或者可以满足需求……因为有人愿意购买这些商品，所以就会有人提供商品来换取所需。供应方由不同类型的企业组成。这些企业生产各种类型的商品，比如农民通过耕作土地和养殖家畜来提供农产品。

除了食物，我们购买的大多数商品都是制造商品，也就是指那些由工厂或工匠使用材料加工而成的商品。制造业生产大量且种类丰富的生产资料和消费品，从衣服、家具等日用品，再到洗衣机、冰箱、微波炉等电器，我们购买的几乎所有商品都经过了一定程度的加工。加工者可能是大规模的、批量制造特定产品的大型工厂，也可能是若干名工匠。

除了在家中添置各种制造商品外，我们居住的房屋也是一种商品，例如房地产公司建造的商品住宅。此外，工厂、写字楼、商场等商业建筑物也属于商品。

我们日常接触的商品大多属于出售的消费商品，而生产资料是针对行业制造的、用于生产消费商品和作为服务载体的物品，例如机械、建筑物和交通工具等。

服务行业

　　人们把产业大体分为三类。

　　第一产业是指提供原材料为主的农业和矿业。

　　第二产业是指加工制造商品为主的制造业和建筑业等行业。

　　第三产业是指服务行业。服务行业可能无法提供有形的产品，它提供的是各种类型的服务。

　　比如，运输公司把商品运送给客户；各类零售商也可以作为制造商的纽带，为大众提供零售服务。服务行业涉及我们生活的方方面面，包括直接提供服务的理发店、餐馆等，以及提供维修服务的车辆维修厂和建筑物维护公司，还有我们日常享受到的公共交通提供的运输服务、银行与保险服务等。除此之外，酒店、剧院、影院、公园、游乐场等也属于服务行业。

供给与需求

消费者和生产商同时来到市场，消费者购买商品，生产商销售商品。他们的交易将匹配需求（买家想要的商品数量）与供应（卖家提供的商品数量）。

·**供给，简单来说就是提供东西**。供给有两个基本条件：提供商品的愿望，并且具备供给能力。假如口罩价格上涨为5元一只，生产商"想"每天生产5万只口罩，但是工厂每天只能生产2万只口罩，也就是说工厂没有剩下的3万只口罩的生产能力，因此生产商的供给量只能是2万只。所以，工厂只具备提供5万只口罩的愿望以及供给2万只口罩的供应能力。

·**需求：简单来说就是消费东西的需求**。它也含有两层含义：首先需求是消费者主观上的需求；其次，这是有支付能力的需求，也就是消费者能买得起。如果有一个人很有钱，买得起高档的珠宝，但是他对珠宝不感兴趣，也不打算买，那么就构不成对珠宝的需求。而另一个人，她很喜欢珠宝，但却没有支付能力，同样构不成对珠宝的需求。只有主观上有买珠宝的欲望，客观上又有支付能力的人，才构成对珠宝的需求。

Tips：奇特的商品

泥土：瑙鲁是位于太平洋上的一个岛国，那里的矿产丰富，但是岛上没有供农作物生长的土地。为解决这个问题，在瑙鲁生活的人需要进口泥土，以便种植农作物。

空气：日本商人将田野间或山谷里的清新空气，用现代技术储制成"空气罐头"，然后向久居城市、饱受空气污染的市民出售。这样的商品实在令人大吃一惊。

供给和需求到底是什么？

1840 年鸦片战争后，英国商人为能打开中国这个广阔的市场欣喜若狂。当时英国棉纺织中心曼彻斯特的商人估算，中国有 4 亿人，假如有 1 亿人晚上戴睡帽，每个人每年用两顶睡帽，那将是一个巨大的市场。于是，他们把大量的洋布运到中国。然而，在中国根本没有晚上睡觉戴睡帽的生活习惯，所以洋布根本卖不出去。这就是供给与需求之间的矛盾造成的。

价格与供需的关系

商品的价格与供需的关系密切。农民种植小麦并将其出售给面粉厂，以制作面粉。在收获的季节，小麦供应充足，甚至超过了面粉厂的需求，此时供给大于需求，

供应商开始降低价格来刺激销量。到了冬季，面粉的需求保持不变，但是小麦的供应减少，市场呈现供不应求的局面，面粉厂则提高了收购的价格。这个规律适用于所有的商品和服务。

在需求不变而供应增加时，供过于求将导致商品价格下滑。

在需求不变而供应减少时，供不应求将推动商品价格上涨。

如果供应量不变，需求的变化也会引发价格的波动：需求减少，引发供应过剩，价格下滑；需求增加，引发供应紧张，价格就会上涨。

反过来说，价格也会影响供需关系。在供应过度时，价格下滑会提升商品的吸引力，刺激需求增加；高价格则会抑制买家需求，并且会刺激供应量的增加。

影响需求量的因素

　　无论何种商品，人们对它的需求量有增有减。经济学家总结出影响需求量的因素有收入、价格、个人喜好、预期、购买者数量和其他因素等。

预期： 人们对未来的预期也能影响他们的需求量。例如，你预期自己下个月会拿到年终奖，你就可能提前买一些自己喜欢的东西。

价格： 假设牛奶价格下降，人们就会增加对牛奶的需求，同时，人们因一种物品价格下降而引起另一种物品需求量减少，这两种物品互为替代品。如果计算机价格下降，人们会增加对计算机的需求量，这时，对计算机软件的需求量也增加了。因为一种物品价格下降而增加另一种物品的需求，这两种物品互为互补品。

特殊因素： 潮湿多雨的地区对雨伞的需求量较大，反之干旱少雨的地区对雨伞的需求量就小。

购买者数量： 市场需求量是个人对某一物品和劳务需求量的总和。所以，除了上述因素，购买的人数也是重要因素。

个人喜好： 有人从小喜欢吃巧克力，长大后发现自己更爱喝咖啡。当个人喜好改变了，对某一种物品的需求量也会改变。

收入： 需求量与收入呈反向变化的商品，被称为低档商品。例如，人们愿意坐出租车去上班，当收入减少时，人们会选择挤公交车去上班，那么相对于出租车来说，公交车是低档物品。

影响供给量的因素

与人们对物品的需求一样，企业对物品的供给量也会有增有减。经济学家总结出影响供给量的因素主要有投入成本、技术、市场预期、售卖者的数量、政府政策等。

政府政策：比如政府取消对某一物品的进口关税，那么国外物品就会进入国内市场，增加供给量。

技术：技术的提升会使企业生产成本不断下降，增加产品的供给量。比如，葡萄酒生产过程中，工厂进行流水化作业，会减少很多工人的劳动量，企业成本大幅度下降，从而增加葡萄酒的供给量。

投入价格：拿生产葡萄酒来说，企业需要投入原料葡萄、制酒工艺、发酵原料、各种机械设备和厂房，以及操作机械和制酒的工人。当这些投入中一项或几项价格提升时，那么成本会上升，企业会倾向于减少生产和供给量。如果上涨得太厉害，企业会考虑停业整顿，退出这个行业。

预期：企业对未来的预期会对其供应量产生很大的影响。比如，随着 5G 时代来临，智能化手机一定有更大的需求量。

特殊因素：天气、文化等因素也直接影响供给量。虽然天气只是一种偶发因素，但是它有时也会给市场带来巨大的变化。

售卖者的数量：售卖者的数量对市场供给量也有很大影响。比如，葡萄酒业中，假如大部分企业因为经营不善而退出市场，那么葡萄酒的供应量就会减少。

25

多变的价格

什么是市场？

市场是买方和卖方相互作用，并共同决定物品、劳务价格及交易数量的机制。任何一个经济体，都要面对三个基本问题，即"生产什么""如何生产""为谁生产"。

1. 生产什么？

在市场中，货币是消费者手中的"选票"。得票多的物品得到生产，得票少的就会被淘汰。生产商是决定生产什么的最终决策者，他们会根据利益最大化原则，生产需求量大、利润高的商品。

2. 如何生产？

生产者之间竞争激烈，迫使他们使用效率更高的生产技术，以便将成本降到最低。例如，用蒸汽机代替马车，用飞机取代火车，用计算机代替打字机，都是技术突飞猛进的结果。

3. 为谁生产？

"为谁生产"取决于市场上的家庭、个人的收入状况。

价值决定价格

即使供不应求，一辆普通自行车的价格再涨，也不会比一架飞机的价格高。即使供过于求，一部智能手机的价格再降，也不会比一台收银机便宜。所以，价格既不可能无限地上涨，也不可能无限地下跌。这是为什么呢？

这是因为，虽然价格的波动受到供求关系的影响，但是价格最终是由价值决定的。有些经济学家提供了一种商品价值的解读方法。他们认为，商品的真正价值取决于包含的劳动时间。所以飞机和手机等制造商品的价值取决于参与制造的人数及劳动时间，这个方法称为劳动价值论，它最早由亚当·斯密和其他古典学派经济学家提出。根据劳动价值论的观点，两种包含相同劳动量和生产时间的不同商品具有相同的价值。

卖方市场和买方市场

卖方市场：当供不应求时，商品短缺，购买者争相购买，销售者趁机提价，买方不得不接受以较高的价格来满足自身的需求，于是出现"物以稀为贵"的现象，这就是所谓的卖方市场。由于供不应求，卖方在市场交易中处于有利地位，即使提高价格，也能把商品卖出去。

买方市场：当供过于求时，商品过剩，销售者竞相出售，购买者并不着急购买，卖方就不得不以较低的价格处理他们过剩的存货，于是出现了"货多不值钱"的现象，也就是所谓的买方市场。由于供过于求，买方在市场交易中处于有利地位，商品价格通常会下降。

"身价"下跌的铝产品

铝制品在当今社会已经是物美价廉的普通商品，而在一百多年前，它可是尊贵身份的象征。法兰西帝国皇帝拿破仑每次宴请宾客的时候，宾客们用的是银碗，唯有他一人用的是铝碗。当时制作一只铝碗要比制作一只银碗花费更多的劳动时间，于是，铝碗的价钱要比银碗贵，因此也成为了身份的象征。随着科学技术的进步，如今生产铝制品的生产率提升了数倍，所以一百多年前只有皇帝才用得起的铝制品已经飞入寻常百姓家。

价格变动会引起需求量的变动，但不同商品的需求量对价格变动的反应程度是不同的。粮食、食盐等生活必需品的价格上涨，往往不会导致消费者对其需求量的急剧减少。小轿车、智能洗碗机等高档、耐用的商品价格大幅度下降，则会导致消费者对其需求量的迅速增加。消费者对既定商品的需求，不仅受该商品价格变动的影响，而且也受相关商品价格变动的影响。

互为替代品和互补品对价格的影响

对于旅行者来说，火车和飞机是可以相互替换的交通工具；对于家庭饮食来说，牛肉和羊肉可以互为替代。如果两种商品的功用相同或相近，可以满足消费者同一需求，这两种商品就互为替代品。当其中一种商品价格上升，消费者将减少对该商品的需求量，转而消费另一种商品，导致对另一种商品需求量的增加。反之，一种商品价格下降，消费者将增加对该商品的需求量，导致对另一种商品需求量的减少。

对于体育爱好者来说，乒乓球和球拍是互补商品；对于摄影爱好者来说，胶卷和相机是互补商品。两种商品必须组合在一起才能满足人的某种需求，这两种商品就是互补商品。当其中一种商品价格上升，不仅使该商品的需求量减少，也会使另一种商品需求量减少；反之，一种商品价格下降，不仅使该商品的需求量增加，也会使另一种商品需求量随之增加。

特价不一定创造需求

商场经常会推出一些特价商品，对某些商品进行折价出售。表面看来，商家推出的特价商品在给消费者让利，但是事实确实如此吗？商品生产商并不会始终按照市场需求供应商品，因此供应商要尝试创造需求。特别是一款新品上架时，他们通过广告宣传，努力说服人们在并不确定是否需要该产品的情况下购买新产品——无论自身是否需要，对于消费者而言，"特价"有着特殊的吸引力。

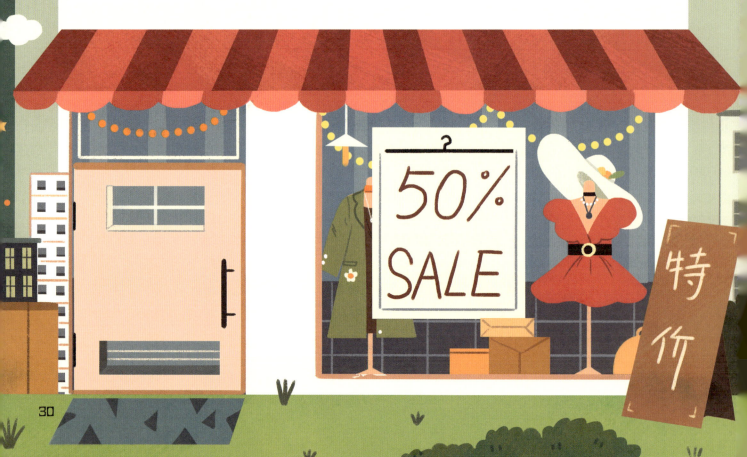

为什么同物不同价？

在超市购物时，顾客出示会员卡购买商品，就会享有更加便宜的会员价；电影票一般对儿童实行"半票"；看同一部电影，在不同时段，票价也不同；有一些礼品公司会送出优惠券，但他们规定优惠券只能与学生证一起使用才有效。这就是价格歧视，实质上是一种价格差异。它通常指商品或服务的提供者在向不同的接受者提供相同等级、相同质量的商品或服务时，实行不同的销售价格或收费标准。

价格歧视是一种重要的垄断定价行为，是垄断企业通过差别价格来获取超额利润的一种定价策略，它有助于获得更多的利润。

以较高的价格把商品卖出去，虽然可以多赚一些钱，但是如果把商品价格定太高，就会赶走许多支付能力较低、需求意愿并不强的消费者，导致整体的利润减少。因此，实行价格歧视的定价策略会是一个两全其美的办法。

"当某人愿意支付 4000 元时，你不会以 690 元的价格卖给他一个座位。与此同时，航空公司愿意用 690 元卖掉一个座位，而不愿意让它空着。"这就是价格歧视策略的意义所在。

企业是什么？

从消费者的角度来说，企业存在的原因是消费者需要他们提供的商品和服务。人们消费的商品和服务，主要是由企业提供的。企业是市场经济活动的主要参与者。从企业和管理者的角度来说，他们制造商品和提供服务的目的是为了获得利润，是以营利为目的而从事生产经营活动，向社会提供商品和服务。

企业的平衡收支

各种类型的企业，从个体商贩到小型公司再到跨国公司，都是以出售产品和服务来创造利润为目标的。无论是生产商品还是提供服务，这些公司和企业都以营利为目的。简单说，企业运营的目标是确保企业获得的货币要多于支付的货币。当收入大于开支时，企业能够营利；如果开支超过了收入，企业就要亏损。

原材料供应商　　商品制造商　　产品零售商

从原材料供应商到产品零售商出售产品给消费者，每个流通阶段的企业都在以营利为目标。

消费者

企业货币流出与流入

　　企业在运营时必须考虑生产成本，也就是生产商品或提供服务所需要支出的货币。以印厂为例，生产商品所需要的原材料成本包括印制书籍所需要的纸张和油墨、印刷车间与机械设备成本，以及工人工资，等等。

　　此外，企业运营还包括其他成本，例如，向客户交付商品和服务的成本（运输、维护、保险）。如果能够营利，企业还需要向政府缴纳税款。

　　企业的收入是企业销售产品及提供服务后获得的收入。

　　只有保持一定的营利能力，公司才能开发技术、更新设备、扩大规模，增强企业的市场竞争能力。

企业的竞争优势包括价格、产品的质量、服务的水平、品牌的效应等，企业取得这些优势，是因为企业掌握了独特的技术，又或者是由于企业的管理水平较高。同时，企业还要诚信经营，树立良好的信誉和企业形象，它渗透在企业经营管理的每一个环节中，通过产品和服务形成企业的竞争优势。

比如，有家生产食品的企业，因为不注意执行国家的卫生标准，添加了明令禁止使用的化学添加剂，从而引发了信任危机。有的商场要求撤掉它的专柜，有的商场停止进货，还有的要求退货。没过多久，这家企业就面临破产了。

制造业　　建筑业　　种植业　　服务业

劳动者是什么？

劳动者是可以提供劳动力的人。每个行业都离不开劳动者，制造业、建筑业、种植业，特别是服务业，都需要劳动者来生产商品和提供服务。劳动是脑力和体力的支出，是物质财富和精神财富的创造者，是人类文明进步发展的源泉。与其他资源一样，劳动力也可以买卖：工人提供时间和技能，雇主提供工资作为回报。市场促进了劳动的分工——把生产划分为许多细小的专业步骤，这样让每个人都能把事情做得更细致、更完善。

就业

　　让每个人能就业，对整个社会的发展具有重要的意义。就业使得劳动力与生产资料相结合，生产出社会需要的物质财富和精神财富。劳动者通过就业取得报酬，从而获得生活来源，使得社会劳动力能够不断再生产。同时，劳动者的就业，有利于实现自身的社会价值，丰富精神生活。

为工作定薪酬

所有的企业，基本都需要雇佣工人，而大多数人也需要工作来获得生存需要的货币。这也是一种供需关系：雇主提供工作机会，创造人力资源需求；工人或劳动力需要工作，提供相应的劳动。企业和工人通过"劳动力市场"联系在一起。和其他市场一样，供需关系决定价格，即劳动力市场的劳动力价格或者支付的工资受供需关系影响。

如果找工作的人数多，就像供应充足的其他商品一样，劳动力价格就会下降，那么雇主就有机会降低劳动力成本，支付较少的薪酬。

反之，具有高端技术能力的劳动力人才数量比较少，因此他们通常能获得雇主提供的相对优厚的薪酬。

为什么有人会失业?

失业是劳动力供需关系失衡的一种结果。导致失业的原因有很多,比如有些工作具有季节性,旅游业在旺季的时候需要大量的劳动力,而在淡季就会有人失业。企业在商品过量时也可能会停工停产;此外,当需求减少时,例如工厂生产大量趋于淘汰的普通手机,都可能导致工人失业。

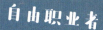

自由职业者

自由职业者,指那些不与用人单位建立正式劳动关系,又区别于个体户、私营企业,具有经济实力和专业知识技能并为社会提供合法的服务性劳动,从而获得劳动报酬的劳动者。自由撰稿人、家庭教师、自由设计师等,都属于自由职业者。其主要特点是自我支配时间,自我安排工作,自我寻求发展。在现在的网络技术条件下,越来越多的工作可以由个人在家完成,主要通过计算机、互联网等与外界联系和工作,从而也可以节省办公空间。

储蓄存款

　　储蓄存款是指个人将属于自己所有的人民币或外币存入储蓄机构，储蓄机构开具存折或者存单为凭证，个人凭借存折或存单可以支取存款的本金和利息，储蓄机构依照规定支付存款本金和利息。在中国，储蓄机构主要指各大商业银行。

　　人们参加储蓄的目的各有不同，有的是为孩子上学做准备，有的是为了购车，有的是为了养老，还有的是为了资金安全。

　　储蓄存款一般都能获取利息，存款利息是银行因为使用储户存款而支付的报酬，是存款本金的增值部分。存款利息的多少取决于三大因素：本金、存期和利息率水平。

　　存款利息的计算公式为：存款利息 ＝ 本金 × 利息率 × 存款期限。

储蓄的类型

　　储蓄主要分为活期储蓄和定期储蓄两种。活期储蓄，储户可以随时存入和提取现金，存款的金额和次数不受限制。定期储蓄，存入现金后，不到规定的日期一般不得提前支取。存期越短，利息率越低；存期越长，利息率越高。

投资与理财

高风险的投资——股票

股份有限公司有多种筹集资金的方式，除了从银行贷款外，发行股票是一种重要的方式。股票是股份有限公司在筹备资本时向出资人出具的股份凭证。股票代表其持有者对股份的所有权。这种所有权是一种综合权利，包括参加股东大会、投票表决、参与公司的重大决策、收取股息或分享红利等。在向股份有限公司参股投资取得股票后，股东不能要求公司返还其出资。如要改变股东身份，要么等待公司破产清盘，要么将股票转售给第三人。经过国家证券管理部门审批同意后，股票可以在证券市场上流通买卖。

股票投资的收入包括两个部分，一部分是股息或红利收入，即股票持有人作为股东享有的从股份公司取得的利润分配收入，它来源于企业利润。公司有盈利才能分配股息。如果公司破产倒闭，股东不但不能获得收入，反而要亏损。这是购买股票的一种风险。投资股票的另一部分收入来源于股票价格上升带来的差价。由于股票价格受到诸如经营状况、供求关系、银行利率等多种因素影响，其波动有很大的不确定性。价格波动的不确定性越大，投资风险也越大，因此，股票是一种高风险的投资。

规避风险的途径——保险

在现实生活中，我们可能面临各种风险，如果发生某些意外，会使我们遭受重大的损失。而购买保险是有效规避风险的措施。在我国，只有依法设立的保险公司才能经营保险业务。保险分为人身保险和财产保险两大类：人身保险是以人的寿命和身体为保险对象，如健康险、意外伤害险、人寿险等；财产保险是以财产及有关利益为保险对象，比如汽车保险、运输保险。投保人和保险人应当遵循公平互利、协商一致、自愿订立的原则，订立保险合同。

妙趣横生的经济学现象

女人的衣服扣子在左边，男人的衣服扣子在右边——习惯经济

　　这要从男女服装的发展史说起。17世纪，扣子最初问世，只有有钱人的外套上才会钉扣子。按照当时的风俗，男士自己穿衣服，女士则要由仆人来帮忙穿衣服。女士衬衣上的扣子钉在左边，极大方便了伺候女主人的仆人们。男士的扣子钉在右边，不仅因为男人自己穿衣服，还因为男人要用右手拔出挂在左腰上的剑，扣子在右边才不容易被衬衫兜住……后来，这样的做法成了一种"约定俗成"的习惯。

　　这种行为叫作"习惯经济"。因为生产者为了保证自身一定范围的经济效益，就必须把消费者的习惯考虑在产品生产中。一旦所提供给消费者的商品有悖于日常习惯，这就需要消费者习惯新的产品模式。因为这种习惯一时难以改变，所以大多数生产者宁愿中规中矩地生产大众普遍认可的模式，也不会标新立异地去改变消费者的习惯。

在一些餐厅就餐时，餐厅会提供免费添加米饭、汤或者免费续杯饮料等服务。像米饭、饮料等食物，成本不算高，适当投入一些低成本的商品，会对收益的提高有所帮助。这里涉及到经济学的一个概念——边际成本。边际成本就是指每一单位新增生产的产品（或购买的产品）带来总成本的增量，这个概念表明每一个单位产品的成本与总产品量有关。

例如，仅仅生产 1 辆汽车的成本是巨大的，但是生产第 101 辆汽车的成本就低了许多，这是因为形成了规模。如果两家风格相同的餐厅，一家门口张贴着"免费续杯"的广告牌，另一家没有，相信大部分顾客都会选择去有续杯服务的那家。顾客觉得自己做了一笔划算的交易，随着口碑的传播，也会为餐厅带来更多的顾客。虽然"免费续杯"会增加一定的成本，但是这部分成本很低。所以说，边际成本对于提高竞争力起着非常重要的作用。

为什么有些餐厅饮料提供免费续杯？

宁愿买贵的，不会买对的——吉芬商品

在美国亚利桑那州一处旅游胜地，有一家出售印第安饰品的商店。每到旅游旺季，生意非常兴隆，各种价格昂贵的宝石都卖得很好，唯独价格低廉的绿松石总无人问津。店主尝试了各种推销手段，想把绿松石卖出去，但是都没有效果。无奈之下，他在外出前给店员留下纸条："所有的绿松石价格调整为原价的二分之一。"店员匆忙看了看纸条，误将纸条上的字看错了，把绿松石的价格翻了一倍。没想到，这个无心的错误反而让绿松石变成了畅销商品，销售量一下子就提升了。

虽然绿松石价格提升了，但是销售量也上升了，这就是经济学中的吉芬商品，即价格上升，需求量也上升的商品。

这个概念源于爱尔兰学者罗伯特·吉芬观察到的一个现象。1845 年，爱尔兰爆发了一场大灾荒。灾荒后，人们日常食用的土豆价格一路狂飙，但是人们对土豆的消费热情却始终有增无减，最终导致土豆价格"越来越高"。这是因为特殊时期，一切必需品价格都上升了，人们收入越来越少，相对便宜的土豆成了人们的首选，于是对土豆的需求量增加，导致土豆的价格增长比其他食品价格增长更快。后来，人们为了纪念吉芬，就把他发现的这种价格升高而需求量也随之增加的经济现象称作吉芬现象。

吉芬现象常见于股票市场，当一支股票价格上涨时，会有更多人关注它，并且疯狂购买。在特定环境下，吉芬现象总以不同形式出现。经济学家认为这是一种反常现象，是需求规律中的例外。不过，它也是一种客观存在的现象，人们无法回避。

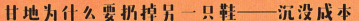

印度国父甘地有一次乘坐火车出行时，因为碰巧在车站遇到一个熟人，便多聊了几句，直到火车要启动的时候，他才匆匆跨进车门。不巧的是，他的一只鞋子不慎掉到了车外，这时火车开动了。旁边的人正感到不知所措时，只见甘地快速地脱下另一只鞋子，朝第一只鞋子的方向扔过去。大家对这一举动都感到很好奇，于是问他为什么这么做。甘地说："如果一个穷人正好从铁路旁经过，那他就正好可以拾到一双鞋了。"剩下的一只鞋对于他没有任何意义，索性大方地把另一只鞋也扔下去，让拾到鞋的人可以得到一双完整的鞋，继续发挥一双鞋的价值。从经济学来分析，这双鞋对于甘地来说就是沉没成本。

沉没成本是指由于过去的决策已经发生了的，而不能由现在或将来任何决策改变的成本。我们把这些已经发生的不可收回的支出，如时间、金钱、精力等称为沉没成本。它常与可变成本来做比较。有时候沉没成本只是价格的一部分，比如你买了一台彩电，看了几天后，又低价在二手市场卖出。此时你购买彩电的原价和你卖出彩电的价格之间的差价就是沉没成本。

邪恶的郁金香——泡沫经济

400多年前，当郁金香从地中海一带传入西欧后，荷兰人很快培育出更具观赏性的变种郁金香。在舆论吹捧下，人们对这种变种的郁金香表现出一种极为狂热的喜爱，这也导致郁金香价格飞涨。大批投资商开始囤积郁金香的球茎，以待价格涨得更高。曾经不值钱的郁金香，竟然能换到一辆马车、几匹马……由于市场过热，投资者队伍越来越大，其中不乏有很多人高息贷款来投资。忽然有一天，人们发现郁金香球茎的价格暴跌不止，市场几乎瞬间就全面崩溃了，那些囤积在手中的球茎变得一文不值，整个社会动荡不安，荷兰国内陷入严重的经济危机中。

这就是泡沫经济。简单地说，市场有独特的调节手段和经济周期，泡沫或多或少会出现，可怕的是有人拼尽全力助推泡沫的产生，并从中攫取巨大的利益。在现在社会中经常会出现这样的情况，投资商都清楚市场泡沫的存在，也明白它会有破裂的一天，不过他们都不想让泡沫迅速破裂，尽量把它越吹越大，尽可能赚更多钱，而实际上要给出泡沫破裂的一个准确时间也很难。泡沫经济的特点就是，不管你到底挣了多少钱，你永远不知道下一秒自己会不会赔。一旦下跌开始，便会带来毁灭性的打击。

别人的选择为什么会成为自己的选择？——消费从众

科学家曾经做过一个实验，在一群羊面前放置一根木棍，只要第一只羊跳过去，第二只羊、第三只羊也会跟着跳过去。此时，如果把那根棍子拿走，后面的羊走到这个地方的时候，仍然会像前面的羊那样，向上跳跃一下。科学家把这种现象叫作"羊

44

她为什么要"东食西宿"？
——机会成本

战国时，齐国有一户人家的女儿很漂亮，前来求婚的人很多，但是女孩始终不满意。几年后，眼看女儿要错过最佳婚嫁年龄，父母非常着急。有一天，来了两个男子，女孩竟然对他们都产生了好感。一时间，女孩一家陷入了两难的选择：东家男子长得丑，但是十分富有；西家男子是个英俊后生，但是家里贫困潦倒。到底该选谁呢？想了一会儿，女孩同时露出两只胳膊。父母感到很奇怪，问其原因。女孩回答："我想在东家吃饭，在西家住宿。"

这个世界上，没有两全其美的方法，鱼和熊掌不可兼得。在自身资源有限的情况下，人必须学会舍弃。任何选择行为都要付出机会成本。在经济学概念中，机会成本又叫选择成本，就是指一个选择后所丧失的，不做该选择而可能获得的最大利益。也就是说，为了得到一种东西必须放弃另一种东西。齐国女子之所以不能做出决定，就在于她无论选择哪位，都势必造成机会成本的损失。

再比如，今天晚上你本来要去当家庭教师，一个小时可以赚 100 元，但是有朋友请你吃大餐，那你就推掉了家庭教师的工作，那么 100 元就是你选择吃大餐的机会成本。

群效应"，用来比喻人们都会有的一种从众心理。

仔细观察，走在大街上，我们几乎无时无刻都能感受到这种从众心理的普遍性。新店开业，为了吸引客流，开业典礼办得尤其热闹，以此吸引众人的注意力。在人群中，人们往往最容易失去基本的判断力。经济学家从另一个角度来分析，也可以把这种现象看作一种预期理性行为。如果消费者能够将消费行为把握在一定限度内，那么在信息不对称或预期不确定的条件下，人们通过对"头羊"行为的模仿，以达到自己预期的结果，这样的从众行为也是一件好事。

走在超市里，你会发现几乎所有的饮料，大多装在塑料瓶子里，而牛奶却是装在方盒子里的。这是为什么呢？按理说，正方体的容器比圆柱体的容器更加节约货架空间，使货架得到更加经济的利用，可为什么大部分饮料的生产商不改用方形的容器呢？

一种原因是，我们平时所喝的饮料、纯净水等，多数人都选择拧开盖子直接对着嘴喝。而且可乐这种碳酸型饮料，开了盖之后不宜长时间存放，我们也不会将它储存起来慢慢喝。所以，设计成圆柱形就更符合人体的设计，拿起来更称手，并且抵消了它所带来的额外存储成本。但是牛奶跟其他饮料不同，它可以长时间储存，人们大多数情况下也不会直接就着盒子喝，而是倒在杯子里或者用吸管喝，所以是否用圆柱形包装对它来说并不重要。

另外一个原因是，超市里面，像可乐、雪碧这些饮料都是放在一般的开放式的货柜上，这种货架不需要通电，买来之后一般也不需要额外的费用。但是牛奶不同，牛奶的保质期很短，这一特性决定了它需要放在专门的冰柜里冷藏。为了节省空间，使用方形盒子就显得划算太多。而如果把装牛奶的容器设计为圆柱形，那么我们就需要更多、更大的冰箱，用电量就随之增加，运营成本也随之增高。

可变成本是支付给各种变动生产要素的费用，如购买原材料、电力消耗费用和工人工资等。这种成本随产量的变化而变化，常常在实际生产过程开始后才需支付。因此，在选择用什么容器来装饮料和牛奶的问题上，生产者或企业不仅需要考虑产品的方便性和使用感，还要考虑是否符合成本效益的原则。圆柱形的瓶子是一种较为科学、省料、容易制造又不易被损坏的包装，能为生产商省去许多固定费用，增加更多收益。而用方盒子装牛奶，可以为生产商缓解因保鲜处理不当而带来的麻烦和损伤，也是减少其成本的一种方式。

多多益善——马太效应

从前，一个国王要出门远行，临行前，他交给3个仆人每人一枚钱币。国王吩咐道："你们每个人拿着这枚钱币去做生意，等我回来时，再来见我。"

国王回来了，3个仆人连忙前去拜见他。第一个仆人说："尊敬的陛下，我用您给我的一枚钱币赚回了10枚钱币。"于是，国王奖励他10座城邑。第二个仆人报告："陛下，您给我一枚钱币，我赚回了5枚。"国王听后，奖励他5座城邑。最后，轮到第三个仆人报告："陛下，您给我的一枚钱币，我怕弄丢了，所以一直包在手帕里没有拿出来。"

听到这儿，国王命令第三个仆人将钱币拿出来，把它赏给了第一个仆人。他意味深长地说："凡是少的，就连他所有的，也要夺过来。凡是多的，还要给他，叫他多多益善。"这就是"马太效应"。

无论个人、企业还是国家的发展，都或多或少受到马太效应的影响：优胜者不断获得新的优势，越来越强大，在自身行业里会形成垄断优势、规模成本优势，还有会设立行业进入门槛；而失败者则不断遭遇新的失败，状况越来越糟糕。